시랍시고

시랍시고

발행일	2025년 12월 5일

지은이	안지미
펴낸이	손형국
펴낸곳	(주)북랩

출판등록 2004. 12. 1(제2012-000051호)
주소   서울특별시 금천구 가산디지털 1로 168, 우림라이온스밸리 B동 B111호, B113~115호
홈페이지 www.book.co.kr
전화번호 (02)2026-5777   팩스   (02)3159-9637

ISBN   979-11-7224-929-8 03810 (종이책)   979-11-7224-930-4 05810 (전자책)

잘못된 책은 구입한 곳에서 교환해드립니다.
이 책은 저작권법에 따라 보호받는 저작물이므로 무단 전재와 복제를 금합니다.
본 도서는 (주)북랩이 보유한 리코 인쇄 장비 등 자체 생산 인프라를 통해 제작되었습니다.

작가 연락처 문의 ▶ ask.book.co.kr

전용 게시판에 문의를 남기시면 저자에게 직접 전달됩니다.

(주)북랩 성공출판의 파트너

북랩 홈페이지와 SNS에서 다양한 출판 솔루션을 만나 보세요!

홈페이지 book.co.kr   •   **블로그** blog.naver.com/essaybook   •   **출판문의** text@book.co.kr
카톡채널 북랩

시 랍 시 고

視　　拉　　侍　　考

보고　　끌어와　　받들어　　생각하며

안지미 씀 (달지 않음)

북랩

| 시인의 말 |

나는 아직 시(詩)를 모른다.

그래서 책 제목이 '시랍시고'다.

視 보고
拉 끌어와
侍 받들어
考 생각하며

시랍시고 쓴 것들이다.

쓰기 전에 먼저
살았다.

목차

시인의 말 •5

껍질 깨기

서시(序詩) 전편(前篇) •12

거미집 철거꾼 •14

삶은 달걀 •16

말 방귀 •18

아등바등

작은 것들의 꽃샘추위 •20

온실 장미 •22

달리기 대회 01 •24

순진, 순수, 그리고… 순순 •26

식은밥 데우기

째깍 •28

소낙구름 •30

바람막이 •32

국밥과 그 사람 •34

믿음, 소망, 사랑, 그리고… •36

Never nodding story

단풍놀이 •38

당신의 천국 •39

알약의 비밀 •43

등신(等神) •48

코드, 궤도, 고독

귀한 일 •52

달, 지구, 태양 •54

존재의 내음 •55

달, 지구, 태양 part2 •56

어느 산모의 눈물 •57

밤 조깅 11㎞ •65

누구나 빛이다 •66

The prologue to programmer •68

산 너머 저쪽 •70

한 방울의 돌, 물, 별

질문 한 가지 •72

99,999,999번의 고마움 •76

구르는 돌은 원래 아픈 거다 •78

바람이 산을 옮기다 •81

에필로그 납시고 •84

껍질 깨기

서시(序詩) 전편(前篇) [2024-04-01]

무성한 수풀로 가려졌던
계속 그랬어야 마땅한
달걀 같은 정수리가 엿보이고
반짝이는 연식이 되어서야
'시 창작반' 수강을 신청했다

가죽을 남길 호랑이 주제도
이름을 남길 사람 축에는 들까 하는
아등바등 발버둥 친 이 인생도
글 몇 가닥 꿰 보고픈 욕심 정도는

무엇을 써 보고
어떻게 끄적일까
이런 것도 시랍시고
어쭙잖은 개폼일까

마침표는 쓸지 말지
어디에 쉼표를 찍을 줄도 모르는데
아니, 그 전에
남의 시를 맛보고 곱씹는 연습이 먼저일까

아니, 그것도 전에
나는 지금껏
잎새에 이는 바람에
몇 번이나 괴로워하고
하늘을 우러르며 살아왔던가

무성한 수풀이 막아 줬던
계속 그랬어야 마땅한
별처럼 반짝이는 정수리에 스치는 바람이
서늘한 오늘 밤이다

거미집 철거꾼 [2024-05-20]

동틀 녘 오르는 동네 산길엔
곳곳에 세워진 거미줄 요새
간단히 얼굴로 헤치고 오르며
뜻밖에 그들의 원수가 된다

밤새 잠 안 자고 한 가닥 두 가닥
자아내고 엮은 줄만 백 리가 넘고
이 가지 저 기둥을 수천 번 오가며
이제 겨우 다 지었다 땀 식혔을 터

순식간에 뜯겨 나간 집이자 일터
한 건 해서 포식하려던 꿈은 산산조각
이쯤 하면 녀석들도 포기할 법한데
오늘 아침도 난 무자비한 철거꾼

다른 데 지으라고 말 건넬 수도
허리 숙여 엉금엉금 산행할 수도
날마다 허물어질 모래성 쌓는 녀석들
늬들이 나보다 낫다

삶은 달걀 [2024-06-10]

삶은
달걀

겉보기엔
다 비슷하나

돌려 보면
알지

속이 굳었는지
여전히 흐르는지

지켜보면
알지

껍데기 깨고 부화할지
그 모습 그대로 썩을지

이것도 달걀

저것도 달걀

같지만

같지 않지

* 삶은: 'boiled' or 'Life is'

말 방귀 [2013-02-11]

수다쟁이를 낮잡아 부르는
'말 방귀'라는 말이 있다
함경도 방언이란다

아니다, 실제론
방귀가 말보다 신중하다
기막힌 괄약근의 섬세한 조절

사람이 방귀를 훈방할 때만큼
절묘하게 오므리고 풀어 주며 말한다면
세상 모든 오해와 상처
반 넘게 줄겠지

입보다 성숙한 그 심의위원

말도 뀌어 보자

아등바등

작은 것들의 꽃샘추위 [2024-04-19]

눈 녹은 시냇물 달음질 시작하고
기지개 켠 가지마다 색동 물감 흩뿌릴 때
바지런한 날벌레들 풍선처럼 동실동실
돌아온 숭어 떼 하늘 높이 파닥였지

간밤에 뒤바뀐 거스른 계절
우리 미물들에겐 한겨울보다 더한 고난
모두가 놀란 아침
눈물인지 빗물인지 흠씬 웅크린 수양버들

길 위에 짓눌린 빛났던 꽃잎 무리
물살에 떠내려간 붉고 노란 동백 송이
봄동마저 머리마다 된서리로 빛바래고
떨리는 입속엔 구겨져 버린 오열만이

눈먼 칼바람의 망나니 춤은 끝없는 듯
나른한 온실 화초들은 시끄럽다 문 닫는데
남겨진 이들은 힘겨운 몸짓으로
물에 퍼지는 버들잎의 타전을 읽는다

다 왔 어 코 앞 이 야
한 발 만 더 내 딛 자
피 땀 눈 물 그 대 로
부 둥 켜 웃 을 테 니

내일 따윈 남의 일인 하루살이 흰소리
속 빈 갈대의 흰 소리를 뒤로하고
감각마저 살얼음 낀 발맞춰 공명한다
이글대는 푸른 매미들의 개가를 그리며

온실 장미 [2024-05-25]

날마다 포실하고 녹녹했던 지난날
달콤하고 넉넉한 물과 양식들
잘 크라는 언니들의 애정 어린 눈빛들
꽃망울이 터질 때 기뻐하던 얼굴들

비로소 한껏 피어난 겹겹의 꽃 이파리
혼례를 앞둔 떨리는 봄 아가씨
나비님 어이 오시어 금가루 뿌려 주길
설레는 맘으로 기도했던 이 아침

끊어진 발목 꺼멓게 태우는 지짐질
온몸을 훑어 내린 전정 가위질
후드득 떨어지는 잎새들
지켜주리라 믿었던 가시들

모두가 즐거워 보여요

아픈 나를 건네주는 그 사람도

포장지 두른 나를 건네받은 그 남자도

내 겨운 숨 향기롭다며 흠뻑 취한 그녀도

다음이 있다면

들에서 났으면

※ 함께 듣는 음악:
Khatia Buniatishvili - Deborah's Theme
(From Once Upon a Time in America, by Ennio Morricone)

AJM.kr/a/1

달리기 대회 01 [2024-11-17]

추위에 움츠릴
겨를도 없이

바람과 맞서
바람처럼

고개 들 넘고
골을 구르며

날 이겼으니
맘대로 1등

물 좀
바람막이도

아직 숨차서

여기까지

※ 부천 마라톤대회 10㎞ 완주 후

순진, 순수, 그리고… 순순 [2015-08-03]

순진(純眞)하다는 건
바닷물고기가
바닷물이 짜다는 사실도
모른다는 것

순수(純粹)하다는 건
바닷물이 짜지만
자기 몸은 왜 짜지 않은지
안다는 것

순순(順順)하다는 건
수족관서 살아져도
소금에 몸이 절여져도
좋은 게 좋다라는 것

식은밥 데우기

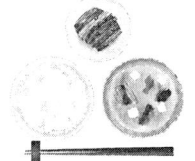

째깍 [2015-01-27]

이제는 빛바랜
편지 뭉치와 함께
깊숙이 묻어 뒀던

다신 꺼내 보지 않으리라 다짐하고도
차마
버리진 못했던

맨 아래 서랍 구석에 처박아 두곤
있는지조차 잊어버렸던, 아니
잊어야 했던

한여름 낮 모래사장처럼 뜨거웠다가
한겨울 밤 버려진 연탄재처럼 차갑게 식었던

손목시계
그 수많은 기어와 스프링에 묻힌 심장에서
소리가 났다

"째깍!"

너, 아직도
거기 있었구나
잃어버린 줄 알았는데
그저 내가
잊었던 거구나

그때 그 시절에 멈춰 있는 시곗바늘
용두를 돌려 시간을 맞춰야 할까
태엽을 감아 다시금
천천히 걸어 볼까

한 줄 깊이 팬 시계 유리창 속
초침이 흔들린다

소낙구름 [2014-02-17]

불어오는 바람
물기를 머금었다

저기 먼 구름 내일이면
내게로 와 눈물 흘리겠지

백팔 번 지나간 바람 내음에
이제사 알겠다

네가 내게 와서 운 게 아니라
울면서 내게로 왔다는 걸

네가 내 품에 안겨
한껏 쏟아낸 후엔

무지갯빛 웃음소리, 네 안에
방울처럼 구를 거란 걸

그러곤 머잖아 또다시
울면서 떠날 거란 걸

바람막이 [2024-05-10]

말로만 듣던 바람막이
이런 옷도 있냐며 피식했는데
작년 가을 세일할 때 싸게 사서
지금까지 어찌나 잘 써먹는지

영하 십 도 달리러 나가도
드센 바람 막아줘 도리어 땀이 나고
봄가을 쌀쌀하면 걸쳤다가
더우면 바로 벗고

무게도 깃털처럼 가벼워
입었는지조차 잊어버리곤
벗으면 아무렇게나 꼬깃꼬깃
조막만 해져 주머니에도 쏙 들어가고

필요할 때 바로 꺼내 보면
구겨졌던 얼굴도 금세 아니란 듯 대충 펴지는
지금껏 내가 산 옷 중에서
최고로 만족스럽더란 말이지

'난 네가 참 편하고 좋아'
파우치에서 꺼내 툭툭 털었는데
돌아오는 메아리
'난 정반댄 걸'

저 필요할 때만 살갑게 부비고
볼일 다 보면 눈앞에서 치워 버리는
이게 맞나 싶댄다

국밥과 그 사람 [2024-04-26]

자고 일어나니
입천장에 웬 토마토 껍질
엊저녁에 국밥 먹다
나도 모르게 데었나 보다

어제 너무 배고팠던 게지
충분히 식히거나
후후 불어먹을 새 없이
후루룩 들이키기 바빴던 게지

가만 돌아보니
들떴다 주저앉은 내 마음 천장
그 사람과 짧은 인연 그사이
어지간히 패였나 보다

그간 너무 외로웠던 게지
뭉근히 익히거나
불릴 겨를도 없이 뜨겁게 튀겨낸 내 맘
우악스레 우걱거리기만 바빴던 게지

혀끝으로 부드럽게 어루만져 준다
괜찮아 곧 아물 거야
적당히 달래 주렴
이제는
너무 주리게도 너무 기다리게도 말고

믿음, 소망, 사랑, 그리고… [2012-04-12]

믿음, 소망, 사랑
이 세 가지는 항상 있을 것인데
그중에 제일은
배움이라

믿음 뒤에는 배신이
소망 뒤에는 절망이
사랑 뒤에는 소진(消盡)이 따를지언정
이 모든 것을 통해 얻은 배움은
끝까지 남으리니…

배움 없는 이 모든 것은
도돌이표를 오가는
울리는 꽹과리

Never nodding story

단풍놀이 [2024-11-16]

대량해고로
실직된 잎새
어떤 이에겐
단풍이라는
눈요깃거리

당신의 천국 [2015-02-02]

녹슨 셔터를 끌어 올리듯
사슴은 눈꺼풀을 열었지만
깊이 묻힌 관 속처럼
깜깜하고 고요했다.

마지막 기억은
목덜미를 찌르는 열두 개의 날카로운 이빨과
창자를 물어뜯는 치타의 핏빛 주둥이.

사는 게!
뭐 이따위야!

눈을 스르르 감으며
가슴 속 짙은 절규의 한숨을 내쉬었다.

'그렇게 힘들었니?'
네…

'고생 많았다.'
전 이제 어디로 가나요? 천국? 아니면 지옥?

'무엇을 원하니?'
지옥에 가고 싶을 리 없잖아요.

'그렇다면… 천국?'
당연하죠.
삶은 지옥 같았어요.
해가 뜨면 먹이를 찾아 헤매야 하고
달이 뜨면 사자 밥 될까 잠 못 들고
밤낮없이 누군가 쫓아오면 죽어라 내달려야 하고
그래봤자 언젠간 이렇게 잡아먹히는 신세.
운 좋게 살아남아도
나 대신 잡힌 친구를 보며 눈물을 훔쳐야 하는
이게 지옥 아니면 뭐죠?

'그런… 천국?'
그런 천국이요. 슬픔도… 아픔도… 굶주림도… 두려움도 없다는… 그런…

.
.
.

갑자기 눈부신 빛이 온몸을 휘감았고
다시 눈을 떴을 때, 그곳은
실로 천국 같았다.

편안히 누워 있었고
눈앞의 치타는 그윽하게 날 바라보기만 할 뿐
목덜미를 물지도, 뱃속을 후벼 파지도 않았다.
부드럽고 밝은 빛이 가득했고
졸리지도 지치지도, 심지어
배고프지도 않았다!
몸을 덮은 털 하나하나 빛깔이 또렷했고
까만 코는 촉촉한 윤기가 흘렀으며
눈동자는 이보다 더 총총할 수 없었다.
공기조차 흙먼지 한 톨 없이 맑고
춥거나 덥지도
축축하거나 메마르지도 않았다.

그래! 이거야!
이런 게 사는 거지!
내 비록 힘겹게 살다 죽었어도
잘못 살지는 않았나 봐!

소원을 들어준 하늘을 향해
감사 기도를 드리는 사슴의 귀에
저 멀리 어렴풋이
한 어린아이가
띄엄띄엄 뭔가를 읽는 소리가 들렸다.

.

.

.

"사…진…촬…영 금지.
설…명… 사슴…을… 잡아먹기… 직전의 치타.
박…제…일… 2014년 2월 18일.
…
엄마, 박제가 뭐야?"

알약의 비밀 [2009-12-24]

아주 먼 옛날
어느 명의(名醫)가
목숨을 걸고 심혈을 기울여
거의 모든 병을 치료할 수 있는
물약을 만들어 내고는
이내 죽었습니다.

이 물약은 정말
정확한 용법대로 먹기만 하면
앓고 있는 거의 모든 병이 깨끗이 나을 수 있는
명약이었지만
한 가지 흠이라면,
몸서리쳐질 만큼 쓰다는 것이었지요.

용법이란,
한 번에 꿀떡 마셔 버리는 게 아니고
한 모금씩 입에 머금고

여러 번 곱씹은 후 삼켜야 하는 것이었는데
대개는 한 모금 입에 머금자마자
뱉어내기 일쑤였지요.
그래서 널리 알려지지 못했습니다.

그런데,
한 장사꾼이 이 물약에다
각종 감미료, 인공색소,
향료, 탈색제 등을 섞고
한참을 끓여서
빛깔도 곱고 맛도 좋은 데다
한 번에 꿀꺽 삼킬 수 있는
알약을 만들었습니다.

한 가지 문제라면,
이런 첨가물들이 섞이고 가공되면서
원래 물약의 약효는 말끔히
사라지게 된 것이었죠.

하지만 그 장사꾼은
아주 오래전 명의가 만든 약이라며

팔기 시작했고
그 약은 날개 돋친 듯 팔렸습니다.

이를 보고는 너도나도
그 약에 이것저것을 섞기 시작했고
심지어 어떤 장사꾼은
병이 낫기는커녕 죽을 수도 있는
독약이나 마약을 섞어 팔기도 했습니다.

그렇게 그렇게…
그 명의(名醫)의 이름을 딴 알약들은
갖가지 상품으로 쏟아져 나왔고
사람들은 이런 사연을 알지 못한 채
그 알약을 즐겨 사 먹었습니다.
사실 이젠 아무런 약효도 없어지고
오히려 몸에 해로운 독소들이 담긴
그 약을 말이죠.

플라세보 효과라고 하던가요?
어떤 이는 그 알약을 먹고
병이 나았다고 합니다.

그리고 어떤 이는
아직 덜 먹어서 약효가 안 나타나는 것이라며
계속 사 먹습니다.

또 다른 이는
몸이 점점 안 좋아져 감에도,
이미 중독되어
알약에서 헤어 나오지 못하면서
점점 미쳐 갑니다.

그리고…
그렇게 미쳐 가는 이를 보는 사람들은
아주 먼 옛날
평생을 바쳐 물약 하나 만들고 죽었던
바로 그 명의(名醫)를
"돌팔이"라고 손가락질합니다.

이미 시중에 잘 알려진 모든 알약으로부터
참으로 얻을 수 있는 것은 오직
포장지에 빠짐없이 찍혀 있는, 혹은 도용된
그 명의(名醫)의 '이름'뿐.

하긴…
그 '이름'만을 힌트 삼아,
오랜 고생 끝에
결국 원래 명의(名醫)가 만들었던
'물약'을 발견하는 행운아도
없지는 않더라지요.

등신(等神) [2015-01-19]

인간은 신(神)을
보고 싶었고
만지고 싶었다.

하여,
등신(等神)을 만들었고
등신(等神) 앞에 머리를 조아리자
등신(等神)은 신(神)이 돼 버렸다.

산은 산이요, 물은 물이며
등신(等神)은 등신(等神)일진대…

등신(等神)을 등신(等神)이라 말한 이들을
죽여버린 등신(等神)들은
스스로 신(神)을 자처했다.

정작 신(神)은
등신(等神)들이 뭘 하든
가만히 팔짱 끼고
미소 띤 입가, 눈물이 스친다.

등신(等神) 비율 상승의
메커니즘.

엔트로피
열역학 제2법칙은
인류에게도 어김없이 적용된다.

2015-01-07, 프랑스 샤를리 엡도 사건을 보며

※ 등신2(等神) [명사] 나무, 돌, 흙, 쇠 따위로 만든 사람의 형상이라는 뜻으로, 몹시 어리석은 사람을 낮잡아 이르는 말.
(표준국어대사전)

코드, 궤도, 고독

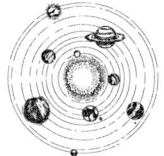

귀한 일 [2014-01-01]

삶에 있어 귀한 일은
먹이를 구하는 것이다, 정당하게

그보다 더 귀한 일은
내가 구한 먹이를
나눠주는 것이다, 순수하게

그보다 더 귀한 일은
내 안의 샘물을
긷는 것이다, 절실하게

그보다 더 귀한 일은
먹고 마셔도 목마른 이에게
그 샘물을
건네주는 것이다, 진실하게

홀로 일어서
걷고 달리는 이에게
흐뭇한 미소를

땀 흘려 구한 먹이를
나누는 이에게
격려의 박수를

깊이 침잠하여
샘물을 긷는 영혼에
반가운 입맞춤을

시원한 냉수 한 사발
건네는 고결한 당신께
존경의 포옹을

달, 지구, 태양 [2015-04-16]

달이 지구에게 투덜댔다.
"난 억울해. 네게 묶여 네 주위만 맴돌고."

지구는 태양에게 투덜댔다.
"난 억울해. 네게 묶여 네 주위만 맴돌고."

태양은 아무 말 없이
눈을 지그시 감고 앉아 있다가
한마디 했다.

"불 끌까?"

존재의 내음 [2012-04-24]

서울 지하철 1호선 시청역 앞
줄지어 하릴없이 석유를 태우며 뿜어대는
전투경찰 버스들의 매연 틈새로
덕수궁에서 흘러나왔을
꽃향기를 맡아내다

언제나 싸울 준비를 하는 도구의 냄새와
겨우내 사랑할 준비를 한 존재의 내음은
이다지도…

달, 지구, 태양 part2 [2015-04-19]

달이 지구에게 투덜댔다.
"난 억울해. 네게 묶여 네 주위만 맴돌고."

지구는 태양에게 투덜댔다.
"난 억울해. 네게 묶여 네 주위만 맴돌고."

태양은
땀을 뻘뻘 흘리며
아궁이에 부채질하다 뒤돌며 말했다.

"춥다구? 불 더 땔까?"

어느 산모의 눈물 [2005-09-05]

한때는 나도
흐드러지게 피어 있는 꽃밭에서 뒹굴었던
순진한 소녀였지요.

여리디여린 꽃잎을 간지럽히기도
터져 나오는 꽃들의 웃음소리에 스민 향기를 맡으며
꽃들의 사랑의 전령사가 되기도 했답니다.

눈꺼풀은 더는 떠지지 않고
마지막 숨마저 힘겹게 내쉬는 바로 지금
문득 그 어린 시절이 떠오릅니다.

그렇게 마냥 아무것도 모르고
그저 모든 게 즐겁고 행복하게
그렇게 살았더라면 얼마나 좋았을까요?

어느덧 해는 이글이글…
그처럼 이글거리는 가슴으로 다가온 그를
난 마다할 수 없었어요.

사랑이었지요.
우리는 누구보다도 더 뜨겁게
아름답고 예쁘게 사랑했답니다.
정말이지 그때만큼은 우리 사랑이
숨 다하는 지금 이 순간까지
변함없을 줄로만 알았었지요.

인제 와서
사랑의 씨앗만 뿌리고 훌쩍 떠나 버린 그를
원망할 마음은 없어요.
그때만큼은 진정한 사랑이었으니까요. 아니,
그랬다고 믿고 싶으니까요.

내 안에서 뭔가가 달라졌어요.
그가 남긴 씨앗은 어느덧 하나의 생명이 되어
내 안에서 꿈틀대기 시작했어요.

갑자기 몸이 무거워지며
이제껏 눈길도 주지 않았던 것들이
입맛을 당겼어요.
정말 생각지도 못했던 변화였지요.

배 속 아이는 아우성치기 시작했어요.
지금껏 아침 이슬만 먹고도,
아카시아꿀만으로도 살 수 있을 것 같았던 내가
전혀 엉뚱한 식욕을 갖게 된다는 것을 인정하고 싶지
않았지요.
하지만 이제 난
'어미'가 된 거예요.
내 자식을 위해서라면
도둑질도 마다치 않을 거란 생각이 들었죠.

졸지에 미혼모가 된 내가 살기엔
세상은 너무도 냉혹했어요.
뭔가 먹기 위해선
뭐라도 해야 했어요.
하지만…

눈앞에 보이는 듯하여 다가가면
보이지 않는 벽이 내 앞을 떡하니 가로막아
한 발자국도 더 나아갈 수 없었어요.

아, 내 사랑아…
당신은 어디 계신 거죠?
우리 아가와 날 내버려 두고
당신은 또 어느 꽃밭에서 노니고 계신 건가요?

더는 이렇게
넋 놓고 앉아 있을 수만은 없었어요.
그 누구로부터 배울 수도 없었고
알지도 못했던
'밥그릇 싸움'을 위해
무작정 바깥으로 미친 듯이 떠돌아다녔죠.

이윽고 날은 어두워지고
난 한 번도 가 본 적 없는 낯선 길 위에 있었어요.
이미 내 삶에 나는 지칠 대로 지쳐 있었어요.
이대로 그냥 길 위에 쓰러져 죽고 싶었지요.
하지만…

내 아이를 위해서 그럴 순 없었어요.

바로 그때…
어디선가 맛있는 냄새가
내 코를 자극했어요.
지금껏 맡아 본 적 없는…

순간 구역질이 났지만
배 속의 아가는 배를 발로 차며
"엄마! 배고파~"라고 보채는 것 같았어요.
머릿속이 백지처럼 하얘졌어요.
나도 모르게 그 냄새가 흘러나오는 집으로 달려갔지요.

역시나
문은 굳게 잠겨 있었어요.
하지만 난 이미 이성을 잃은걸요.
미친 듯이 들어갈 수 있는 틈을 찾다 이윽고
작은 문틈으로 들어갈 수 있었어요.

물론 내가
남의 집에 몰래 들어가며

집주인에게 미안한 마음 한 조각 안 들었다고
생각지는 마세요.
누구나 그렇듯 인생이란
그 당시 그에게 있어서는 최선인 거잖아요.
배 속 내 아가의 아우성을
손 놓고 지켜보고만 있을 순 없었거든요.

신기하죠.
그 옛날 어린 시절의 기억은
지금도 이렇게 선명하게 떠오르면서도
조금 전 기억은
가물가물해요.

무언가를
닥치는 대로 먹었어요.
그것이 무엇인지도
누구의 것인지도 모른 채…

바로 그 순간
어디선가 매캐한 비가 내렸어요.
갑자기 어지럽고 숨이 가빠지고

온몸이 굳어지기 시작했어요.
방금 내가 먹은 것을
아가가 한 입이라도 먹을 수 있다면 좋으련만…
아이 입에 닿기도 전에
난 이렇게 죽어가나 봐요.

마지막 숨을 내어 쉬는 지금 이 순간이
참으로 길게 느껴지네요.
내가 살아왔던 지난 삶을 돌이켜 보며
문득 이런 생각이 드네요.
'이렇게 죽으려고 나는 지금껏 살아왔을까?
내가 지금까지 살아온 것은 과연 무엇을 위한 것이었을까?'

만일 내가 다시 태어난다면
이와는 다른 삶을 살 수 있을까요?

.
.
.

아가야…

미안해…

미안해, 정말….

.

.

.

※ 사실 대부분의 모기는 꿀과 나무즙을 먹고 산다.
꽃가루를 옮기는 역할도 하며, 벌 다음으로 중요한 꽃가루 매개자라는 주장도 있다.
다만, 교미를 마친 일부 암컷 모기만이 알을 키우기 위해 단백질이 풍부한 피를 찾는다.
인간에겐 성가신 존재지만, 모기로서는 자식을 위해 최선을 다하는 어미였던 셈이다.

밤 조깅 11km [2025-03-16]

홀로 절반쯤 달리다
되돌아올 때에야 알았다
내내 뒤에서 날
가만히 밀어준 저 달

누구나 빛이다 [2006-09-12]

누구나 빛이다
남자도 여자도
그 사이에서 치는 자도

누구나 빛이다
아가도 노인도
그 사이에서 세는 자도

누구나 빛이다
가해자도 피해자도
그 사이에서 재는 자도

누구나 빛이다
아는 자도 모르는 자도
그 사이에서 자는 자도

누구나 빛이다
건강한 자도 병든 자도
그 사이에서 베는 자도

이 세상에
어둠은 없다
오로지 밤을 맞은 반쪽 지구만이
전부라 여긴 착각일 뿐
이 행성의 등은 늘 빛으로 따스하다

너도 빛이고
나도 빛이다

그리고 우리는
함께 타오르다
사그라진다
순간에

The prologue to programmer [2012-08-18]

1　// The prologue to programmer
2　// 윤동주, 「서시; 序詩」 소스 복붙, 수정
3　// 2012-08-18 오류 없이 굴러가긴 함
4
5　지쳐 쓰러지는 날까지 컴파일러(compiler)를 우러러,
6　　　한 점 버그(bug) 없기를.
7　　　메시지(message) 창에 뜨는 오류(error)
　　　아닌 경고(warning)에도
8　나는 괴로워했다.
9
10　비트(bit)를 노래하는 마음으로,
11　　　모든 생성·쇠멸하는 객체(object)들을 사랑해야지.
12　　　그리고 나한테 주어진 함수(function)를
13　코딩(coding)해야겠다.
14

15 오늘 밤에도,
16 커서(cursor)가 콘솔(console)에 깜빡인다.
17
18 ▌

산 너머 저쪽 [2019-11-22]

산 너머 저쪽을 동경하는
한 사람이 살았습니다.

산 너머 저쪽을 동경하는
또 한 사람이 살았습니다.

그 둘은 같은 산을 마주 보고
한 번쯤 그 산 넘어볼 생각도 없이

먼지 쌓인 책상 앞에 턱 괴고 앉아
창 너머 저쪽만 서로 마주 보며

그리워하고 아쉬워하고 후회하면서
그럭저럭 살았답니다.

한 방울의 돌, 물, 별

질문 한 가지 [2007-10-05]

-1-
한 방울의 빗물이
산꼭대기 씁싸름한 솔잎 끝에 떨어져
거친 나무줄기를 타고 내려와
부드러운 이끼를 지나
바위와 계곡을 흐르고
시내와 강물을 거쳐…

텁텁한 녹슨 쇠 파이프 속에 갇혀 있다
수도꼭지로 나와
커피포트에 담겨 팔팔 끓다가
향기로운 커피와 달콤한 설탕과 함께 잔에 담기고
아무개의 입속으로…

삼십육 점 오 도의 온도로
시큼한 위장과 찐득한 소장,
오장육부를 돌고 수만의 실핏줄을 돌다

삼십육 점 오 도의 온도로
시원한 변기 물에 빠지며 씻겨 내려가
정화조, 그 썩은 똥물에 섞여…

하수처리장을 넘고
다시 강물로 흐르다 문득
얼얼한 찬 바람에 얼어
개구진 아이의 썰매 날을 미끄러뜨리며…

간지러운 봄바람에 녹아
다시 아무렇지 않게 흐르고 흘러
이윽고 짭조름한 바다에 이르고…

변덕스러운 바람에 잠자코 몸을 맡겨
밤새도록 이리 밀리고 저리 밀리며
영문도 모른 채 하얗게 부서지며
오래오래 아주 오래…

어제오늘 그리고 내일… 매일매일
똑같은 파도의 일상을 거듭하다…

어느 날
그 무엇보다 무거운 바다의 무게를 벗고
그 무엇보다 가벼운 바람처럼 가벼워져
보이지도 않는 저 하늘 꼭대기로
보이지도 않게 하늘하늘 올라가
하이얀 새털구름 위에 다소곳이 앉기까지…

그 작은 물방울은
얼마나 많은 '맛'을 보았을까?
얼마나 재미(滋味)있었을까?
어느 맛이 가장 좋았고
어느 때가 가장 재미(滋味)있었을까?

그리고, 그…

-2-

한 방울의 빗물이

산꼭대기 씁싸름한 솔잎 끝에 떨어져……

※ 함께 듣는 음악:

　Alan Silvestri - Suite From Forrest Gump

AJM.kr/a/2

99,999,999번의 고마움 [2009-11-22]

무려 1억 대 1 경주에서
내게 1등 주려고
앞에서 헤쳐 주고
뒤에서 밀어 줬던

구천구백구십구만 구천구백구십구의
동료들이
문득 고마워졌다
너도, 너도, …

거기 너희들 없이
나 홀로 달렸다면
가당키나 했겠니

만일 내가,
네게 1등을 양보했더라면
나보다 성격은 더 좋았을까?

아무튼 덕분에 내가,
지금 여기 숨 쉰다.
숨은,

구르는 돌은 원래 아픈 거다 [2025-05-13]

너의 시작은
백록담에서 뿜어져 나온
핏덩이 용암이었다
지금처럼 식은 돌덩이가 아니었다

산 중턱 이곳에 박혀 고작
스쳐 가는 이들 발에 밟힌다고
아프다 우느냐

아니면, 벼랑 코앞에서
저 아래로 추락해 버릴까
떨고 있느냐

아니면, 사라오름 물가에서
촉촉한 이끼 두르고 혹여 가물세라
기우제나 지내고프냐

빠져나와라
뛰어내려라
폭풍우를 부둥켜안고
떨쳐 일어나라

지팡이도 필요 없다
날개 따윈 기대 마라
지금도 네 심장엔
용암이 휘몰아친다

갈고 깎고 깨치며
네 안에 담긴 '원'을 조각하고
숱한 눈물과 빛깔을 삼키고 마시며
쇠소깍 해변 검은 모래알이 되기까지
굴러라

구르는 돌은

원래 아픈 거다

※ 백록담: 한라산 정상 화구호
※ 사라오름: 한라산 중턱의 분화구 웅덩이
※ 쇠소깍: 제주 남부 검은 모래 해변

바람이 산을 옮기다 [2006-12-12]

-1-
하늘이 꿈을 꾸었다
꿈은 바람(願)이 되고
바람(願)은 바람(風)이 되어
모래 산을 옮겼다

하늘이 꿈을 꾸었다
꿈은 구름이 되고
구름은 빗물이 되어
새 물길을 내었다

하늘이 꿈을 꾸었다
꿈은 별빛이 되고
별빛은 내 꿈이 되어
나를 잠에서 깨웠다

-2-

그제야 알았다
바위를 뚫은 것이 낙숫물이었음을
하늘의 꿈이 바위를 녹였음을

그제야 알았다
내 눈 앞에 펼쳐진 세상을
뵈지 않는 하늘의 꿈이 그렸음을

-3-

노래하리라, 하늘을 보며
그 노래가 바람 되어
이 산을 옮기리니

그림을 그리리라, 구름 가지고
그 구름이 빗물 되어
새 길을 내리니

꿈을 꾸리라, 별빛을 향해

그 꿈이 별이 되어

내 벗의 꿈이 되리니

※ 바람(願): 소원 / 바람(風): 바람결

| 에필로그 납시고 |

삶은 아픔의 바다(苦海).
살아있기에 아픈 거고
안 아프다면 살아있는 게 아니다.

바닷물인지 눈물인지 모를
짠 물 스민 얼굴에도
허우적대기보다는
자맥질하거나 배영을 하고 싶었다.
미소를 머금고.

백만 독자 중 팔 푼 정도
세 번쯤 웃고
한 번쯤 뜨끔했다면
됐다.

이 가나다를 조립한 세월이
50년이다.

제579돌 한글날,
안지미 / 安知美